AF494493

1872 (Mai 29-31)

VENTE DES MERCREDI 29, JEUDI 30 ET VENDREDI 31 MAI 1872.
SALLE N° 8

VENTE PAR SUITE DU DÉCÈS

DE

Mme TROYON MÈRE

TABLEAUX ET ÉTUDES

PAR

TROYON

OBJETS D'ART

ET DE CURIOSITE

EXPOSITIONS

PARTICULIÈRE
Le Lundi 27 Mai 1872

PUBLIQUE
Le Mardi 28 Mai 1872

COMMISSAIRE-PRISEUR :

Me CHARLES PILLET, 10, rue de la Grange-Batelière.

EXPERTS :

Pour les Tableaux :
M. FRANCIS PETIT,
7, rue Saint-Georges.

Pour les Objets d'Art:
M. CHARLES MANNHEIM,
7, rue Saint-Georges.

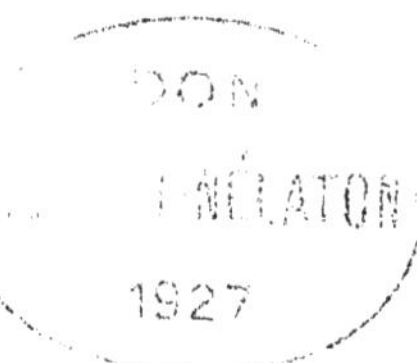

TABLEAUX ET ÉTUDES PAR TROYON

(Vente après décès de Mme Troyon mère.)

Du 29 au 31 mai.

Me Charles Pillet, commissaire-priseur; MM. Francis Petit et Mannheim, experts.

—

Bien qu'un certain nombre des œuvres de Troyon, restées entre les mains de la mère de l'artiste, aient été léguées à diverses personnes et se soient trouvées ainsi distraites de la collection, cette vente n'en renfermait pas moins des études fort intéressantes qui ont atteint les chiffres suivants :

1 — Rivage près Harfleur. — 2,250 fr.

2 — Vaches paissant dans une plaine, près d'une rivière. — 11,000 fr.

3 — Un bac. — 2,000 fr.

4 — Vanne, sous de grands arbres. — 3,550 francs.

5 — Allée de bois au printemps. — 1,800 fr.

6 — Moutons sur la lisière d'un bois. — 4,050 fr.

7 — Animaux couchés dans une prairie. — 5,020 fr.

8 — Bords d'un étang avec de grands arbres. — 1,060 fr.

9 — Paysage; effet de soleil couchant par la pluie. — 3,850 fr.

10 — Maisons près Trouville. — 600 fr.

15 — Plage près Trouville. — 800 fr.

19 — Cheval tenu en bride par un domestique. — 720 fr.

CATALOGUE

DE

TABLEAUX & ÉTUDES

PAR

TROYON

OBJETS D'ART

ET DE CURIOSITÉ

Faïences italiennes, françaises, de Delft et autres;
Porcelaines de la Chine et du Japon;
Verrerie de Venise; Cuivres et Bronzes; Pendule Louis XVI;
Objets variés; Meubles en bois sculpté;
Siéges Louis XVI couverts en tapisserie et étoffes de soie;

BELLES TAPISSERIES

DONT LA VENTE AURA LIEU

Par suite du décès de Mme Troyon mère

HOTEL DROUOT, Salle N° 8

Les Mercredi 29, Jeudi 30 et Vendredi 31 Mai 1872.

A DEUX HEURES.

Par le Ministère de Me CHARLES PILLET, Commissaire-Priseur,
10, rue de la Grange-Batelière;
Assisté pour les Tableaux : de M. FRANCIS PETIT, Expert, 7, rue Saint-Georges
Et pour les Objets d'art : de M. CHARLES MANNHEIM, Expert.
7, rue Saint-Georges.

Chez lesquels se trouve le présent Catalogue.

EXPOSITIONS { *PARTICULIÈRE* : le *Lundi* 27 *Mai* 1872
PUBLIQUE : le *Mardi* 28 *Mai* 1872

CONDITIONS DE LA VENTE.

Elle sera faite au comptant.

Les adjudicataires payeront *cinq pour cent* en sus des enchères.

PARIS. — Imprimerie PILLET FILS AINÉ, rue des Grands-Augustins, 5.

TABLEAUX & ÉTUDES

PAR

TROYON

---

1 — Rivage près Harfleur.

Haut., 65 cent.; larg., 80 cent.

2 — Vaches paissant dans une plaine, près d'une rivière.

Haut., 66 cent.; larg., 90 cent.

3 — Un Bac.

Haut., 65 cent.; larg., 50 cent.

4 — Vanne, sous de grands arbres.

Haut., 50 cent.; larg., 60 cent.

5 — **Allée de bois au printemps.**

Haut., 55 cent.; larg., 45 cent.

6 — **Moutons sur la lisière d'un bois.**

Haut., 40 cent.; larg., 51 cent.

7 — **Animaux couchés dans une prairie.**

Haut., 47 cent.; larg., 58 cent.

8 — **Bords d'un Étang avec de grands arbres.**

Haut., 55 cent.; larg., 45 cent.

9 — **Paysage, effet de soleil couchant par la pluie.**

Haut., 72 cent.; larg., 91 cent.

10 — **Maisons près Trouville.**

Haut., 38 cent.; larg., 46 cent.

11 — **Mare bordée d'arbres.**

Haut., 27 cent.; larg., 45 cent.

12 — **Paysage.**

Haut., 22 cent.; larg., 29 cent.

13 — Buisson au bord d'un ruisseau.

Haut., 22 cent.; larg., 27 cent.

14 — Paysage, la Charette de foin.

Haut., 24 cent.; larg., 36 cent.

15 — Plage près Trouville.

Haut., 28 cent.; larg., 38 cent.

16 — Chemin conduisant à un bois.

Haut., 30 cent.; larg., 38 cent.

17 — Effet de soleil couchant.

Haut., 27 cent.; larg., 34 cent.

18 — Vaches dans une prairie.

Haut., 22 cent.; larg., 36 cent.

19 — Cheval tenu en bride par un domestique.

Haut., 46 cent.; larg., 36 cent.

20 — Étude de vache couchée.

Sur la même toile sont indiquées diverses études de barques en mer.

Haut., 32 cent.; larg., 40 cent.

DESSINS

PAR

TROYON

21 — Intérieur de forêt.

Dessin rehaussé.

22 — Vue des Pyrénées.

Pastel.

23 — Montagnes de la Suisse.

Pastel.

24 — Chaumière.

Pastel.

25 — Paysage près de la mer.

Croquis rehaussé.

26 — Brebis et canards.

Deux études. Pastel.

27 — Étude de moutons.

Dessin rehaussé.

TABLEAU ET DESSINS

PAR DIVERS ARTISTES

ISABEY.

28 — Funérailles en mer.

Haut., 43 cent.; larg., 59 cent.

FLERS.

29 — Paysage Normand.

Pastel.

ÉCOLE ANGLAISE.

30 — Un Lavoir.

Aquarelle.

DÉSIGNATION

DES

OBJETS DE CURIOSITÉ

FAIENCES FRANÇAISES

31 — FABRIQUE DE ROUEN. — Grand plat rond à décor en camaïeu bleu. Au centre, un écusson armorié soutenu par deux lions héraldiques et entouré d'ornements. Au marli, fleurs et ornements.

32 — MÊME FABRIQUE. — Très-grand et beau plat rond décoré en camaïeu bleu. Au centre, une rosace et une couronne d'ornements. Au marli, fleurs et ornements rayonnant.

33 — MÊME FABRIQUE. — Joli vase à pans et à deux anses, décoré d'ornements et de mascarons en camaïeu bleu.

34 — MÊME FABRIQUE. — Fontaine-applique, forme vase, et son bassin, godronné, à décor en camaïeu bleu à figures de style chinois et fleurs.

35 — Même Fabrique. — Plat rond à contours à décor en camaïeu bleu ; armoirie au centre et ornements au marli.

36 — Même Fabrique. — Plateau à pans sur piédouche, décoré d'ornements en camaïeu bleu.

37 — Même Fabrique. — Surtout de forme oblongue, décor polychrome à fleurs et ornements.

38 — Même Fabrique. — Belle chaise percée d'angle, décor polychrome à figures de singes, fleurs et ornements.

39 — Même Fabrique. — Grand et beau plat rond à décor en camaïeu bleu, vase de fleurs au centre, fleurs et ornements au marli.

40 — Petit Plat ovale en ancienne faïence de Bernard Palissy. Au centre, groupe de deux figures en relief et ornements, godronnés au bord.

41 — Fabrique de Niderwiller. — Belle jardinière ovale décorée de médaillons d'Amours en camaïeu rouge encadrés de fleurs en couleurs.

42 — Fabrique de Marseille. — Sucrier forme fruit sur plateau décoré de fleurs.

43 — Fabrique de Rouen. — Médaillon ovale offrant une tête d'homme en relief à face émaillée blanc, et costume décoré en bleu. Le fond offre des fleurs en bleu et rouille sur fond gros bleu. — Pièce rare.

44 — Même Fabrique. — Grand et beau vase à deux anses, mascarons en relief et décor en camaïeu bleu.

45 — Même Fabrique. — Grande jardinière ronde à deux anses, décorée d'ornements en camaïeu bleu.

46 — Même Fabrique. — Plat rond à bords festonnés, décor polychrome à fleurs.

47 — Même Fabrique. — Plat ovale à contours, décor polychrome à fleurs et ornements.

48 — Même Fabrique. — Fontaine-applique, décor polychrome à fleurs.

49 — Même Fabrique. — Compotier rond à contour, décor polychrome à la corne.

50 — Même Fabrique. — Sucrier à saupoudrer, décor polychrome à ornements.

51 — Fabrique de Nevers. — Grande et belle fontaine en forme de vase à deux anses, têtes de satyres, décoré de sujets de chasse en bleu et manganèse.

52 — Même Fabrique. — Jardinière ronde à deux anses et mascarons en relief, décorée de paysages avec figures de style chinois et ornements en camaïeu bleu.

53 — Même Fabrique. — Plateau rond à lobes, décor en camaïeu bleu de style chinois, à figures et fleurs.

54 — Fabrique de Niderwiller. — Joli bout de table formé de deux barques accolées et d'une figurine d'enfant, décoré de fleurs.

55 — Fabrique de Marseille. — Pot à eau avec cuvette décoré de paysages.

56 — Fabrique de Moustiers. — Assiette à bords festonnés, décorée de figures et de festons de fleurs.

57 — Fabrique de Strasbourg. — Six assiettes et un plat ovale, décor polychrome à fleurs.

58 — Fabrique de Marseille. — Ecuelle avec couvercle et plateau, décor polychrome de style chinois.

59 — Coupe ronde en faïence moderne : Tobie et l'Ange.

60 — Deux Vases en faïence de Deck, à ornements en relief de style chinois sur fond émaillé bleu.

61 — Fabrique de Strasbourg. — Porte-huilier, décor polychrome à fleurs, avec burettes en verre de Bohême.

62 — Fabrique de Nevers. — Pot-attrape et petit vase décoré en camaïeu bleu à figures et fleurs.

63 — Fabrique de Rouen. — Biberon à long goulot et couvercle à décor en camaïeu bleu.

64 — Fabrique de Strasbourg. — Cinq pots à crème et un plateau, décorés de fleurs.

65 — Fabrique de Nevers. — Petite gourde de forme aplatie, décorée de fleurs en camaïeu bleu sur fond blanc.

66 — Même fabrique. — Grand plat rond à canaux creux rayonnant et à ombilic. Décor polychrome à figures et ornements.

67 — Même fabrique. — Hanap décoré de figures et de paysages en camaïeu bleu.

68 — Même fabrique. — Jardinière à deux anses têtes de femmes, décorée de sujets de style chinois en camaïeu bleu rehaussé de manganèse.

96 — Fabrique de Beauvais. — Vase à deux anses en faïence émaillée brun et décoré de mascarons et de colonnettes en relief.

70 — Faience de Marseille. — Soupière de forme oblongue, décorée de fleurs en camaïeu vert. Le bouton du couvercle est formé de branches de fruits.

71 — Fabrique de Moustiers. — Plat oblong à contours, à décor en camaïeu bleu dans le style de Berain.

72 — Même fabrique. — Aiguière forme casque, à décor de même style.

73 — Grand Bol décoré intérieurement et extérieurement de larges bouquets de fleurs sur fond blanc et monté sur pied en bronze.

74 — Plat ovale décoré au centre d'une figure de Madeleine en camaïeu bleu rehaussé de manganèse et bord à palmettes en relief émaillées blanc et bleu.

75 — Plaque carrée en ancienne faïence émaillée jaune vert et brun et offrant en bas-relief, une figure debout dans un médaillon ovale et des ornements.

76 — Coupe ronde et creuse en faïence arabe moderne, décorée de compartiments remplis par des rosaces émaillées en couleurs.

77 — Coupe analogue à celle qui précède, décor polychrome avec large rosace au centre.

78 — Plat rond décoré d'une tête de guerrier casqué et d'ornements en grisaille sur fond jaune. Il est signé au revers : Ch. Longuet-Gambais.

79 — Très-petit Plat rond à bord renversé et festonné décoré d'un paysage et d'ornements en camaïeu bleu.

80 — Pot-attrape en ancienne faïence d'Avignon décoré d'ornements en relief émaillés vert et blanc sur fond brun.

81 — Écuelle et Sucrier sur plateau en ancienne faïence de Strasbourg décorés de fleurs.

82 — Jardinière de forme contournée de même faïence décorée de fleurs.

83 — Deux jardinières octogones à décor en camaïeu bleu.

FAIENCES ITALIENNES

84 — Fabrique de Gubbio. — Coupe ronde repoussée à bossages, à décor à reflets métalliques, rouge-rubis et mordoré rehaussé de bleu. Au centre, le chiffre du Christ et ornements au bord.

85 — Fabrique d'Urbino. — Grand et beau vase de forme droite à décor à compartiments et ornements en couleurs sur fond varié de nuances.

86 — Fabrique d'Urbino. — Plat rond décoré de grotesques sur fond blanc et d'une figure de génie au centre.

87 — Même Fabrique. — Coupe ronde repoussée à bossages, de décor analogue.

88 — Même Fabrique. — Coupe ronde à côtes, représentant Moïse frappant le rocher.

89 — Même Fabrique. — Coupe ronde décorée de figures ; le Battage du grain.

90 — Même Fabrique. — Petite coupe à quatre lobes et à deux anses, décorée d'ornements sur fond blanc et d'un buste d'homme.

91 — Même Fabrique. — Jolie petite coupe ronde à contours, décorée d'ornements sur fond bleu et jaune, et portant au centre un écusson armorié entouré des noms : Suora Anna de Danegli.

92 — Fabrique de Castel Durante. — Grand et beau vase de forme ovoïde, à deux anses, mascarons et enroulements, décoré de fleurs et d'oiseaux et portant l'écusson des Médicis.

93 — Fabrique de Deruta. — Très-petit plat rond et creux à décor à reflets métalliques. Bord à imbrications et fleuron au centre.

94 — Même Fabrique. — Petit plat rond à décor rayonnant à reflets.

95 — Fabrique de Castel Durante. — Petit plat rond et creux, décoré de trophées d'armes en grisaille sur fond bleu.

96 — Même Fabrique. — Deux cornets décorés de médaillons, saints personnages et ornements.

97 — Fabrique de La Frata. — Plat rond décoré de fleurs et d'ornements gravés sous engobe et émaillé jaune vert et brun.

98 — Fabrique Italienne. — Plat rond à décor marbré.

99 — Même Fabrique. — Buire décorée d'ornements en camaïeu bleu, et portant un écusson armorié.

100 — Faïence Italienne. — Buire à une anse et à goulot droit avec plateau rond, décorés de grotesques et de mascarons sur fond gros bleu. Ces deux pièces portent un écusson armorié et la date 1531.

101 — Fabrique de Castelli. — Deux grands et beaux vases à couvercles, décorés de sujets bibliques et de figures de génies, mascarons et ornements variés.

102 — Fabrique de Castel Durante. — Vase ovoïde, décoré de médaillons de personnages sur fond bleu, rehaussé d'ornements en couleurs.

103 — Faïence Italienne.—Vase ovoïde à deux anses, décoré d'un paysage en camaïeu bleu.

104 — Même Faïence. — Vase décoré d'un paysage, avec figures en couleurs.

105 — Même Faïence. — Grand plat rond, décoré d'un écusson armorié, soutenu par deux figures de femmes.

106 — Même Faïence. — Deux jardinières de forme cintrée, ornées de cariatides en relief et décorées d'ornements.

107 — Même Faïence. — Cornet, décor polychrome à ornements.

108 — Fabrique de Gubbio. — Plat rond, décoré d'ornements en relief, à reflets métalliques mordorés.

109 — Fabrique de Deruta.—Petit plat rond et creux à décor, à reflets métalliques, rehaussé de bleu ; rosace au centre et imbrications au bord.

110 — Fabrique de Castel Durante. — Petit plat rond, décoré de trophées d'armes en camaïeu brun sur fond bleu.

FAIENCES DE DELFT
ET AUTRES

111 — Joli Plat rond en ancienne faïence de Delft décoré d'une figure, de fleurs et d'ornements de style chinois émaillés en couleurs et rehaussés d'or.

112 — Petit Broc de même faïence, décor polychrome à fleurs et ornements.

113 — Plaque de forme contournée décorée au centre d'un groupe d'enfants jouant à la main chaude, peints en camaïeu bleu avec entourage d'ornements et de médaillons en couleurs.

114 — Deux Vases forme gourde à pans décorés de fleurs et d'ornements en camaïeu bleu.

115 — Cuvette de forme contournée, en ancienne faïence de Delft, décorée d'un paysage avec figures et d'ornements en camaïeu bleu.

116 — Cruche formée d'une figure d'homme debout vêtu d'un riche costume à décor polychrome. Faïence de Delft.

117 — Jolie Plaque en ancienne faïence de Delft à décor polychrome à ornements et fleurs et médaillon de personnage au centre peint en camaïeu bleu.

118 — Autre Plaque en faïence de Delft décor polychrome à fleurs et oiseaux.

119 — Petit Plateau rond à compartiments ; décor de fleurs en camaïeu bleu.

120 — Vase de forme droite en faïence italienne, décoré d'ornements et de mascarons dans le style des faïences de Rouen.

121 — Petit Broc en grès émaillé de Munich, à bustes et ornements en relief sur fond brun.

122 — Petite Cruche en grès de Flandres décorée de rosaces et d'un mascaron en relief émaillés gris et bleu.

123 — Cruche en faïence allemande, à panse sphérique à côtes et décor en camaïeu bleu.

124 — Deux Plats ronds à côtes et décor de style chinois en camaïeu bleu.

125 — Broc décoré de médaillons de personnages sur fond bleu.

125 *bis* — Figure d'enfant debout en ancienne faïence blanche.

125 *ter* — Cruche en grès de Flandres à décor en relief émaillé bleu et gris.

PORCELAINES

126 — Grande Potiche à couvercle en ancienne porcelaine du Japon décorée de médaillons de paysages sur fond brun rehaussé de fleurs.

127 — Deux Cornets en porcelaine du Japon laquée, décorés de fleurs et d'ornements en camaïeu bleu.

128 — Deux Tabourets en céladon vert d'eau de la Chine décorés de fleurs en relief réservées en blanc.

129 — Vase de forme ovoïde à deux anses en porcelaine moderne de Sèvres, à fleurs en couleurs sur fond brun et ornements en relief rehaussés d'or.

130 — Vase forme carrée en porcelaine de Chine (fracturé) monté en bronze doré.

131 — Deux très-petits Vases en porcelaine de Chine à fleurs et oiseaux émaillés. Monture en bronze.

132 — Trois Flacons carrés à décor en camaïeu bleu et rehauts d'or à froid.

133 — Deux grands Vases forme balustre à deux anses en porcelaine de Chine émaillée vert d'eau et frisés d'ornements et de figures décorées en bleu et rouge de cuivre.

134 — Deux grands et beaux Plats ronds à bords festonnés en ancienne porcelaine de Chine à décors à compartiments, fleurs et ornements en camaïeu bleu.

135 — Vingt-quatre Assiettes en ancienne porcelaine de Chine à décors variés.

136 — Plat rond en ancienne porcelaine de Chine, décoré d'oiseaux au centre et de fleurs et d'ornements au marli en émaux de la famille rose.

137 — Vase de forme ovoïde en ancienne porcelaine de Chine décoré de fleurs et de lambrequins ornés en émaux de la famille rose. Monture de style rocaille en bronze.

138 — Vase analogue à celui qui précède, mais moins riche.

139 — Guéridon formé d'un grand plat rond en ancienne porcelaine du Japon à décor de fleurs et compartiments en bleu rouge et or, monté à trépied en bronze et entrejambe formé d'une assiette de même porcelaine.

140 — Très-grand Plat rond en ancienne porcelaine du Japon décoré de fleurs et d'ornements en bleu, rouge et or.

141 — Petit Plat rond en ancienne porcelaine de Chine, décoré de figures et d'ornements émaillés en couleurs.

142 — Assiette creuse en porcelaine de Chine moderne, montée sur trépied en bronze doré.

143 — Beau Plat à pans en ancienne porcelaine du Japon décoré en bleu rouge et or à fleurs et ornements. Le marli est fond gros bleu.

144 — Deux Jardinières et leurs supports en terre émaillée de la Chine.

145 — Deux Tabourets en terre émaillée gris jaspé de la Chine.

146 — Cinq Tasses avec soucoupes modèle à pans, en ancienne poroclaine de Chine, décorées de fleurs.

147 — Six Tasses et cinq soucoupes en porcelaine de Chine décorées de fleurs.

CUIVRES ET OBJETS VARIÉS

149 — GRAND ET BEAU PLAT rond, en verre vert de Venise, décoré d'un écusson armorié et d'ornements en or à froid. XVIe siècle.

150 — GRAND ET BEAU VASE forme cornet, à panse renflée en bronze, décoré d'ornements en relief. Travail chinois.

151 — PENDULE LOUIS XVI, en bronze doré au mat et marbre blanc, ornée de deux figures ; Offrande à l'Amour.

152 — DEUX FLAMBEAUX cassolettes en marbre blanc et bronze doré au mat. Époque Louis XVI.

153 — COUPE RONDE en verre de Venise incolore, à côtes en spirale.

154 — TROIS PLATS ronds en cuivre jaune repoussé, à ombilic saillant. Ils seront vendus séparément.

155 — JOLI PETIT LUSTRE en cuivre, modèle à consoles à six lumières garni de cristaux de Bohême : plaquettes, pyramides, etc. Époque Louis XIV.

156 — Ostensoir du temps de Louis XIII, en argent repoussé, ciselé et doré, décoré de montants à cariatides.

157 — Deux Appliques en cuivre jaune repoussé, à figures et ornements, et deux branches porte-lumières.

158 — Plat rond en cuivre repoussé, à cariatides de femmes. xve siècle.

159 — Applique de forme oblongue en hauteur, en émail de Chine, décorée d'un médaillon de personnages sur un fond couvert de fleurs.

160 — Lot d'armes de sauvages, telles que : massues, javelot, flèches, etc. Ce lot sera divisé.

161 — Petite Statuette d'Apollon debout. Bronze italien du xvie siècle.

162 — Presse-papier en bronze de Barye : chien et canard.

163 — Pot a eau et son bassin rond, en cuivre émaillé de la Chine, à fleurs sur fond vert clair.

164 — Quatre pièces diverses en verre de Bohême.

165 — Deux petits bras Louis XVI en bronze, à deux lumières.

166 — Deux petits Candélabres formés de vases en porcelaine gros bleu, montés en bronze à cinq branches de fleurs porte-lumières.

167 — Polyptique russe en cuivre ciselé, sur fond émaillé gros bleu, et décoré de sujets saints en relief.

168 — Deux pièces en cuivre : lanterne à main et lampe en bronze formée d'une figure d'homme.

169 — Terre cuite. — Groupe de figures et d'animaux : Arabes attaqués par un lion.

170 — Terre cuite. — Petite statuette par Lévêque : l'Abondance.

MEUBLES

171 — Grand Bahut en bois de chêne sculpté, à médaillon, Judith et Olopherne, pilastres et ornements. XVIe siècle.

172 — Meuble analogue à celui qui précède. Celui-ci est décoré de figures grotesques et d'une Vénus couchée.

173 — Grand Bahut en bois de chêne décoré de cariatides, de mascarons et d'ornements, et reposant sur une table dont les pieds sont formés de gros balustres.

174 — Grande et belle Horloge du temps de Louis XIV, en bois sculpté et doré, sur fond blanc et bleu, et enrichie de fleurs peintes. Le cadran en cuivre est orné de cartouches émaillés.

175 — Meuble de salon en bois peint en blanc, couvert en tapisserie de Beauvais, à fleurs et branches de chêne, sur fond jaune. Il se compose de : un grand canapé et dix fauteuils.

176 — Petite Glace carrée avec cadre à fronton en bois sculpté et doré, décoré d'une figure et de feuilles en relief. Époque Louis XIV.

177 — Meuble de salon du temps de Louis XVI, en bois sculpté et doré, couvert en satin blanc brodé, à figures et paysages de style chinois. Il se compose de deux canapés et quatre fauteuils.

178 — Meuble de salon du temps de Louis XVI, en bois sculpté et doré, couvert en damas de soie rouge. Il se compose d'un canapé, six fauteuils et quatre chaises.

179 — Grand Meuble du temps de Louis XIV, en marqueterie de cuivre sur fond d'ébène et garni de bronze. Il est fermé par deux portes vitrées et le haut du meuble est cintré.

180 — Grande Glace du temps de Louis XIV, avec cadre en bois sculpté et doré ; fronton et encadrement à compartiments de glace.

181 — Grande Console en bois sculpté et peint, avec entre-jambes et dessus de marbre blanc.

182 — Table rectangulaire du temps de Louis XVI, en bois sculpté et doré, et à dessus de marbre blanc.

183 — Deux Consoles de suspension en bois sculpté, peint en vert et rehaussé d'or.

184 — Deux Consoles analogues à celles qui précèdent, mais plus petites.

185 — Jolie Pendule du temps de Louis XIV, en marqueterie de cuivre sur écaille noire, garnie de bronze doré.

186 — Écran de cheminée de forme ovale, garni d'une tapisserie de Beauvais à médaillon, sujet pastoral et fleurs sur fond blanc. Époque Louis XV.

187 — Grande Glace carrée à biseaux, dans un large cadre doré, décoré d'ornements en relief.

188 — Jolie petite Console du temps de Louis XIV, en bois sculpté et doré, à dessus de marbre brèche violette.

189 — Deux Gaines d'angle en bois noir garnies de bronze.

190 — Meuble à hauteur d'appui à une porte en marqueterie de cuivre, écaille et étain garni de bronze. Style Louis XIV.

191 — Petite Glace biseautée dans un cadre en bois de chêne sculpté à ornements, modèle à fronton et console.

192 — Grand Paravent à six feuilles décorées de figures et de paysages peints sur cuir. Époque Louis XV.

193 — Petite Table en marqueterie de bois garnie de bronze. Le dessus porte le chiffre du grand Frédéric.

194 — Très-petit Cabinet en laque du Japon décoré de fleurs sculptées et dorées sur fond noir.

195 — Console Louis XV en bois sculpté et doré à dessus de marbre.

196 — Guéridon de forme oblongue en marqueterie de bois à fleurs et garni de bronze.

197 — Petit Secrétaire en bois de rose garni de bronze et d'une plaque de porcelaine, fond bleu turquoise et décor d'Amour.

198 — Pendule Louis XIV en marqueterie de cuivre et écaille garnie de bronze. Mouvement de Targe, à Paris.

199 — Commode Louis XVI en marqueterie de bois de rose et trophée de musique garnie de bronze et dessus de marbre.

200 — Secrétaire de mêmes style et travail que la commode qui précède.

201 — Écran Louis XIV en bois sculpté garni de tapisserie des Gobelins à vase de fleurs ornements et oiseaux.

202 — Petite Commode Louis XV en bois de placage garnie de bronzes et à dessus de marbre.

203 — Console Louis XVI de forme cintrée en bois sculpté et peint en blanc à dessus de marbre.

204 — Glace ovale avec cadre en bois sculpté et doré. Époque Louis XVI.

205 — Lit Louis XVI en bois sculpté et peint en blanc et vert, garni en étoffe perse à fleurs.

206 — Petite Commode Louis XV à deux tiroirs, en bois satiné garnie de bronze et à dessus de marbre.

207 — Coffret carré en bois de palissandre à branches de fleurs en cuivre et fruits en pierres dures en relief.

208 — Deux très-petites Consoles de suspension du temps de Louis XVI en bois sculpté et doré.

TAPISSERIES

209 — Trois grandes et belles Tapisseries représentant des scènes tirées de l'histoire d'Ulysse.

210 — Portière orientale en drap bleu brodé à ornements en couleurs et or.

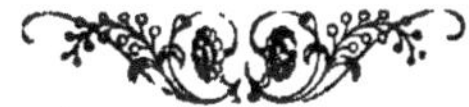

www.ingramcontent.com/pod-product-compliance
Ingram Content Group UK Ltd.
Pitfield, Milton Keynes, MK11 3LW, UK
UKHW022153170726
13837UKWH00004B/1966